Elsbeth Bihler

Mit Kindern Advent und Weihnachten erleben

Ideen für Familie, Kindergarten und Grundschule

Mit Illustrationen von Eve Jacob

Lahn-Verlag

Inhalt

Vorwort

Advent und Weihnachten sind Zeiten, die unsere Kinder sehr intensiv und bewusst erleben. Heilige wie Barbara und Luzia, die Engel, die Tiere an der Krippe sowie Symbole und Zeichen wie Licht, Wurzel und Stern weisen den Weg auf das Weihnachtsfest hin.
Das Werkbuch bietet vielfältige Anregungen, die Advents- und Weihnachtszeit als eine Zeit des Wartens auf die Ankunft Jesu zu gestalten: Geschichten, kindgerecht erzählte Bibeltexte, Lieder, Stilleübungen, Gebete, Bastel- und Gestaltungsanregungen. Impulse zum Thema „Schenken" und Vorschläge für ein weihnachtliches Krippenspiel ergänzen das Angebot.
Alle Einheiten sind übersichtlich gestaltet, in der Praxis erprobt und direkt umsetzbar.
So kann der Zauber des Weihnachtsfestes mit allen Sinnen erfahren werden.

Elsbeth Bihler

Erwartung

Julia war ganz aufgeregt. In zwei Tagen hatte sie Geburtstag. Endlich wurde sie sechs Jahre alt. Lena, ihre Freundin, war schon im September sechs geworden, jetzt würden sie endlich wieder „gleich" alt sein. Und mit sechs Jahren war man fast auch schon ein Schulkind!
Julia lächelte, wenn sie an ihren großen Tag dachte. Morgens kamen immer Mama, Papa und Tom, ihr Bruder, an ihr Bett und sangen ihr ein Geburtstagslied. Dann durfte sie ihre Geschenke auspacken. Für den Kindergarten hatte sie sich einen Schokoladenkuchen mit bunten Smarties gewünscht. Morgen würde sie ihn zusammen mit Mama backen.
Nachmittags kam dann das Beste: Mama hatte erzählt, dass sich Überraschungsbesuch angemeldet hätte. Julia hatte aber nicht herausbekommen können, wer es denn sein könnte. Ob vielleicht Lena kommen würde? Denn den Kindergeburtstag feierten sie erst am Wochenende, wenn Papa auch zu Hause war. Sie hatte ihre Einladungen selbst gebastelt und durfte sechs Kinder einladen.
Vielleicht war es aber auch die Oma aus Berlin. Sie hatten sich schon so lange nicht mehr gesehen, weil sie so weit auseinander wohnten. Oder wer könnte es noch sein?
Als Julia abends im Bett lag, war sie so aufgeregt, dass sie es kaum noch abwarten konnte. Noch zweimal schlafen, dann war es so weit.

Gott ist mit uns

In Nazaret lebte Josef, ein frommer Mann. Er wollte Maria heiraten, seine Verlobte. Da zeigte es sich, dass Maria ein Kind erwartete. Josef wusste: Das war nicht sein Kind. Er beschloss, sich von Maria zu trennen, so, dass Maria nicht zu Schaden kam. Während er noch darüber nachdachte, sprach im Traum ein Engel, ein Bote Gottes, zu ihm. Er sagte: Josef, fürchte dich nicht, Maria zu heiraten! Das Kind, das sie erwartet, kommt von Gott, vom Heiligen Geist. Sie wird einen Sohn zur Welt bringen. Du wirst ihn behüten wie ein guter Vater. Du wirst ihm den Namen „Jesus“ geben. Damit wird wahr, was Gott durch seinen Propheten den Menschen sagen ließ: Seht, das junge Mädchen wird einen Sohn zur Welt bringen. Sein Name wird „Immanuel“ sein, das heißt übersetzt: „Gott ist mit uns“. Als Josef aus seinem Traum erwachte, machte er alles so, wie es Gott ihm aufgetragen hatte.

Nach Matthäus 1,18–24

Jesus kommt

Ich freue mich und bin zappelig.
Jesus kommt!
Ich backe und ich bastele.
Jesus kommt!
Ich wünsch mir was und mach Geschenke.
Jesus kommt!
Ich mache Licht und zünde Kerzen an.
Jesus kommt!
Alles wird gut.

Gott macht alles gut

Jesaja, der Prophet, erzählte den Menschen von Gott und von dem, den Gott senden wird. Wir wissen, dass es Jesus ist, der in unsere Welt kommt. Von dem Gesandten Gottes sagt Jesaja:
Der Geist Gottes, des Herrn, ruht auf mir; denn der Herr hat mich gesegnet. Er hat mich gesandt, damit ich den Armen eine frohe Botschaft bringe und alle heile, deren Herz zerbrochen ist, damit ich den Gefangenen die Entlassung verkünde und den Gefesselten die Befreiung, damit ich ein Gnadenjahr des Herrn ausrufe.
Von Herzen will ich mich freuen über den Herrn. Meine Seele soll jubeln über meinen Gott. Denn er macht alles gut. Ich werde wie ein Bräutigam, der sich festlich schmückt, oder wie eine Braut, die ihren Schmuck anlegt.
Denn wie die Erde die Saat wachsen lässt und der Garten die Pflanzen hervorbringt, so bringt Gott, der Herr, Gerechtigkeit hervor und Ruhm vor allen Völkern.

Nach Jesaja 61,1–2a.10–11

Gebet

Guter Gott,
wir freuen uns auf Weihnachten.
Du kommst zu uns.
Du möchtest, dass sich alle darüber freuen.
Hilf uns dabei.
Amen.

Sternenlichter und Blumen

Durchführung: Aus fester Pappe werden Schablonen für Sterne und Blumen angefertigt und auf gelbes und buntes Tonpapier übertragen. Dann schneidet jedes Kind einen Stern und/oder eine Blume aus. Auf den Stern wird ein Teelicht geklebt. Die Sternenlichter und Blumen sind als Requisiten für die Gestaltung zum Jesajatext (Seite 9) einsetzbar.

Die frohe Botschaft

Text	**Gestaltung**
Der Prophet Jesaja erzählt von dem, der von Gott kommt. Später sagen die Menschen: Jesus kommt in die Welt. Er kommt von Gott.	*In der Mitte liegt ein rotes Tuch, darauf wird eine brennende Kerze gestellt.*
Jesaja sagt von ihm: Durch ihn sollen alle Menschen froh und glücklich werden. Die Armen sollen sich freuen.	*Viele Sternenlichter werden um die dicke Kerze herumgestellt.*
Gefangene und Gefesselte sollen befreit werden.	*Kleine Stückchen Schnur werden zwischen die Teelichter gestellt.*
Ich will mich freuen über den Herrn und Loblieder für Gott singen.	*Ein Loblied singen.*
Es ist, als ob Gott mir wunderschöne Kleider anzieht und mich schmückt wie eine Braut oder einen Bräutigam.	*Bunte Tücher werden um die bisher entstandene Mitte gelegt.*
So, wie Gott die Blumen und Pflanzen wachsen lässt, so soll die Freude wachsen.	*Die gebastelten Blumen werden in die bunten Tücher am Rande gelegt.*

Die Wüste soll sich freuen

Der Prophet Jesaja verkündete seinem Volk:
Die Wüste soll sich freuen, die trockene Steppe soll jubeln und blühen, denn Gott wird kommen. Macht alle, die müde sind, wieder stark. Sagt denen, die traurig sind: Fürchtet euch nicht, denn seht: Hier ist euer Gott. Dann werden Blinde wieder sehen können, Taube wieder hören. Lahme werden umherspringen, die Stummen werden singen. Dann wird alles gut.

Als dann viele hundert Jahre später Jesus lebte, fragte man ihn: „Bist du es, der kommen soll? Bist du der, der von Gott kommt, der Messias?" Und Jesus sagte: „Was seht ihr? Was hört ihr? Blinde sehen, Lahme gehen und Taube hören. Wer mir vertraut, wird glücklich werden."

Nach Jesaja 35,1–6a.10 und Matthäus 11,2–11

Gebet

Guter Gott, in der Wüste ist es weit und still.
Es ist trocken und heiß.
Manche Menschen leben so wie in einer Wüste:
Sie sind einsam und haben keinen, der ihnen hilft.
Manche sagen aber auch: Ich brauche Ruhe.
Dann wollen sie für sich allein bleiben.
Gib, dass wir den Menschen helfen, die in Not sind,
und schenke uns Zeiten der Ruhe und Stille,
damit wir über dich und über uns nachdenken können.
Amen.

Bahnt für den Herrn einen Weg

Material: großes schwarzes Tuch; Stumpenkerze und Streichhölzer; bunte Bausteine; kleine Kieselsteine; Bibel; echte Blumen oder Blumen aus Tonpapier; größere Kieselsteine; 10–20 Spielfiguren von Gesellschaftsspielen; Hirte und Schafe (Krippenfiguren)

Text	**Gestaltung**
In der Zeit, als die Menschen im Volk Israel in Not waren, sprach Gott ihnen Mut zu. Er schickte ihnen Propheten, die in seinem Namen redeten. Einer von ihnen war Jesaja. Jesaja sagte zu den Menschen:	*Ein großes schwarzes Tuch wird in der Mitte ausgebreitet.*
Tröstet, tröstet mein Volk, spricht euer Gott.	*Eine brennende Kerze wird in die Mitte des Tuches gestellt.*
Sagt den Menschen in der Stadt Jerusalem, dass sie nicht mehr leiden müssen. Sie müssen nicht mehr wie die Sklaven arbeiten. Alle ihre Sünden sind vergeben, es lastet keine Schuld mehr auf ihnen.	*Aus Bauklötzen wird in der Mitte auf das schwarze Tuch eine Stadtmauer errichtet, in die Mitte einige Blauklötze als Häuser.*
Jetzt ruft euch eine Stimme zu: Bahnt für den Herrn einen Weg durch die Wüste! Baut in der Steppe eine ebene Straße für unseren Gott! Jedes Tal soll sich heben, jeder Berg und Hügel sich senken. Was krumm ist, soll gerade werden, und was hüglig ist, werde eben. Dann werden alle Menschen Gott in seiner Herrlichkeit sehen.	*Aus Kieselsteinen wird um die Kerze herum auf das Tuch ein Weg gelegt.*

Gestaltung

Text	Gestaltung
Eine Stimme sagte zu mir: Verkünde! Ich fragte: Was soll ich verkünden?	*Eine Bibel wird auf den Weg gelegt.*
Alles, was auf der Erde lebt, ist wie das Gras, und all seine Schönheit ist wie die Blume auf dem Feld. Das Gras verdorrt, die Blume verwelkt, wenn der Atem des Herrn darüberweht. Das Gras verdorrt, die Blume verwelkt, doch das Wort unseres Gottes bleibt in Ewigkeit.	*Blumen und Gräser werden auf den Weg gelegt.*
Steig auf einen hohen Berg, Zion, du Botin der Freude! Erheb deine Stimme mit Macht, Jerusalem, du Botin der Freude! Erheb deine Stimme, fürchte dich nicht! Sag den Städten in Juda: Seht, da ist euer Gott. Seht, Gott der Herr, kommt mit Macht, er herrscht mit starkem Arm. Seht, er bringt seinen Siegespreis mit: Alle, die er gewonnen hat, gehen vor ihm her.	*Am Ende des Weges wird ein kleiner Berg aus größeren Kieselsteinen errichtet. Die Kerze wird dazugestellt, darum herum viele Spielfiguren.*
Wie ein Hirt führt er seine Herde zur Weide, er sammelt sie mit starker Hand. Die Lämmer trägt er auf dem Arm, die Mutterschafe führt er behutsam.	*Ein Hirte und Schafe werden dazugestellt.*

Trösten

Wir werden einmal ganz still.
Wir schließen die Augen.
Wir überlegen:
Wie war das, als ich einmal ganz traurig war?
Vielleicht habe ich geweint.
Vielleicht war da jemand,
der hat mich in den Arm genommen.
Jemand hat mir über den Kopf gestreichelt.
Dann war es besser.
Du willst uns auch trösten, Gott.
Jesaja sagt: Du tröstest uns wie ein guter Hirt,
der die kleinen Schafe auf seinen Armen trägt.
Wie ein Hirte, der dafür sorgt,
dass es den Schafen gut geht.

Leise Musik einspielen.

Gebet

Guter Gott,
wenn wir traurig sind, brauchen wir jemanden, der uns tröstet.
Oft trösten uns Mama und Papa oder ein guter Freund.
Du willst auch nicht, dass wir traurig sind. Du willst uns trösten.
Danke, Gott, Amen.

Die heilige Barbara

Es gab eine Zeit, da waren noch nicht viele Menschen Christen. Die Christen wurden verfolgt und getötet. Zu dieser Zeit lebte Barbara.
Ihr Vater war Kaufmann. Er musste weit reisen, um seine Geschäfte zu erledigen. Barbara und ihr Vater waren keine Christen. Oft war der Kaufmann lange fort. Einmal, als ihr Vater auf Reisen war, hörte Barbara von Jesus und seiner frohen Botschaft. Sie sah, wie die Menschen, die an Jesus glaubten, froh waren und keine Angst mehr hatten. Sie lernte immer mehr von den Menschen, die sich Christen nannten, und wollte auch getauft werden. So wurde Barbara Christin.
Dann kam ihr Vater zurück. Er gehörte zu denen, die die Christen verfolgten. Als er hörte, dass Barbara getauft worden war, wurde er sehr zornig und wütend. Er hatte sich schon ausgedacht, wen Barbara heiraten sollte: einen reichen jungen Mann, damit er selbst noch reicher wurde. Aber der würde doch nie eine Christin heiraten!
Er sagte zu Barbara: „Sofort wirst du dich von diesem Glauben trennen. Sage mir, dass du keine Christin mehr sein willst!“ Aber Barbara weigerte sich. Da ließ ihr Vater sie in einen hohen Turm einsperren. Als seine Leute Barbara dorthin brachten, blieb in der Eile ein Kirschzweig in ihrem Kleid hängen. Als Barbara alleine in ihrem Gefängnis war, fand sie ihn. Einen Krug Wasser hatte man ihr dorthin gestellt. In diesen Krug steckte sie den Zweig.
Eines Tages kam ein Richter und ließ ihr sagen: „Du wirst sterben, weil du nicht von deinem Christengott ablassen willst.“ An diesem Tag blühte der Zweig im Krug auf. Da dachte Barbara: „Siehst du, kleiner Zweig, du sahst aus, als wärest du tot. Aber du bist aufgeblüht zu neuem Leben und viel schöner als vorher. So wird es auch sein, wenn ich sterbe. Ich werde bei Gott sein und ein neues, viel schöneres Leben haben.“ Dann starb Barbara.
Bis heute denken wir an sie, wenn wir am Barbaratag, am 4. Dezember, einen Zweig in einen Krug stellen. Wenn der Zweig um Weihnachten herum aufblüht, sagt er uns: Gott schenkt neues, ewiges Leben.

Elsbeth Bihler

Wie eine Blüte

Weihnachten erzählen uns die
Blüten an den Barbarazweigen von Jesus.
Wie eine Blüte ist er aufgeblüht in dunkler
und kalter Nacht.
Und hat so Freude
und Liebe zu uns gebracht.

Jeder kann wie eine Blüte
sein. Auch du!
Öffne dein Herz für
die Not der anderen.
Schenke Gottes Liebe
und Freundschaft weiter.

Bunte Blumen aus Tonpapier
können dich daran erinnern.
Mit einem Faden zum
Aufhängen sind sie ein schöner
Schmuck für deine Barbarazweige.

Heidi Rose

Die Wurzel

Alle sitzen im Kreis. In der Mitte steht eine trockene Wurzel.
Jedes Kind hat einen grünen Tannenzweig vor sich liegen. L spricht:

Wir versuchen einmal, ganz still zu werden.
Wir schauen in die Mitte.
Wir sehen die Wurzel.
Sie liegt da wie tot.
Grau und braun, ohne Schmuck.
Einmal gehörte sie zu einem Baum mit grünen Blättern.
Wir nehmen den grünen Zweig vor uns in die Hand.
Die Kinder werden jetzt aufgefordert, einzeln zu der Wurzel zu gehen und den grünen Zweig daran zu befestigen. (Vorher Steckschwamm darin verankern.) L hilft dabei.
Jetzt ist unsere Wurzel grün und voller Hoffnung.

Wurzel schmücken

Material: Tannengrün, Wurzel, Kerze, Material zum Schmücken

Die Wurzel wird jetzt weiter geschmückt, z.B. mit vier Kerzen, Stroh- oder Goldsternen. Die Kerzen werden entsprechend der Adventswoche entzündet. Dazu können Adventslieder gesungen werden.

Die heilige Luzia

Vor langer Zeit herrschte in Schweden eine große Hungersnot. Die Ernte war so schlecht gewesen, dass kaum einer im kalten Winter noch Mehl zum Backen hatte. In ihrer Not backten die Leute aus Sägemehl Brot. Am allerschlimmsten war es in dem Gebiet um den Väner-See.
Doch eines Tages erblickten die Menschen ein Schiff, das über den See kam. Wie staunten sie aber, als sie an Bord ein Mädchen entdeckten, das von Licht umstrahlt war. Es war die heilige Luzia, die Lichtträgerin. Als das Schiff anlegte, lud Luzia die Leute ein, an Bord zu kommen. Und sie schenkte ihnen, was sie unter Deck geladen hatte: allerbeste Lebensmittel wie Mehl und Brot, Fleisch, Schinken und Wurst und dazu Bier und Wein. Als die Leute genug hatten, um satt zu werden, wurde der Anker eingezogen und Luzia fuhr mit ihrem Schiff davon, weiter über den Väner-See, weiter zum nächsten Ufer, wo bereits andere auf sie warteten, die hungrig waren.
Von Licht umstrahlt stand sie auf ihrem Schiff. Licht brachte sie in die Dunkelheit und linderte Hunger und Not. Deshalb trägt sie bis heute die Lichterkrone auf ihrem Haar.

Rolf Krenzer

Schwimmende Lichter

Material: Walnüsse, Wachsreste, Dochte, Würfel

In einem Spiel vermitteln wir den Kindern die symbolische Bedeutung des Lichts.

1. Wir teilen die Walnüsse in zwei Hälften und entfernen den Kern und die Zwischenwände. In die leeren Schalen drücken wir weich geknetetes Wachs (Kerzenreste) um ein Stück Kerzendocht.
2. Wir kleben auf zwei einander gegenüberliegende Würfelflächen einen schwarzen Punkt. Die übrigen vier Flächen werden mit je einem weißen Punkt beklebt.

Wir lassen etwa 10 Nussschalenkerzen in einer Schüssel mit Wasser schwimmen und zünden die Hälfte davon an. Die Kinder setzen sich um die Schüssel und würfeln. Liegt die helle Seite des Würfels oben, dann nennt das betreffende Kind etwas Schönes, „Helles", etwas, worauf oder worüber es sich freut, und darf eine weitere Kerze anzünden (bei jüngeren Kindern übernimmt die Erzieherin das Anzünden). Liegt die dunkle Seite oben, nennt das Kind etwas, wovon es traurig wird, wovor es Angst hat, etwas „Dunkles", und bläst eine Kerze aus. Da der Würfel mehr helle als dunkle Flächen hat, ist es wahrscheinlich, dass mehr Kerzen angezündet als ausgeblasen werden. Keinesfalls sollte man aufhören, wenn alle Kerzen gelöscht sind.
Besonders wirkungsvoll ist das Spiel natürlich in einem dunklen Raum.

Fenster-Adventskalender mit Kerzen

Material: rotes und gelbes Transparentpapier, Klebeband

Ende November schneiden die Kinder Kerzen aus rotem Transparentpapier aus. Noch vor dem ersten Advent werden diese Transparentkerzen ohne Flamme an den Fensterscheiben des Gruppenraums befestigt (Tesafilm). Nach dem ersten Advent schneidet dann täglich ein Kind (montags drei) aus gelbem Transparentpapier eine „Flamme" aus und klebt sie auf seine Kerze. Während dieser Tätigkeit überlegen die anderen Kinder gemeinsam eine Person, für die „ein Licht angezündet" werden soll. Wenn die Flamme angeklebt ist, können alle zusammen ein Lichtlied singen.

Lichtergarten als Adventskalender

Tannengrün spiralenförmig auf einem Tisch auslegen. In die Mitte eine große Kerze stellen. Von außen nach innen wird an jedem Tag im Advent ein Teelicht im Glas auf die Spirale gestellt.

Der Stern singt

Alle sitzen im Kreis.
In der Mitte liegt ein großer Stern.

L spricht:
„Werde still und staune,
Gott wird Erdenkind.
Eine neue Zeit beginnt
und der Stern singt Freude."

Der Stern singt Freude.
Wir dürfen froh sein.
Jesus kommt in die Welt.
Wir überlegen:
Wann sind wir besonders froh?

Die Melodie eines Liedes summen.

L spricht:
„Werde froh und hoffe:
Gott will mit uns sein.
Alle Menschen lädt er ein
und der Stern singt Liebe."

Der Stern singt Liebe.
Als Zeichen unserer Verbundenheit
geben wir uns die Hände.
Alle Menschen brauchen jemanden,
den sie lieb haben.
Wer hat uns besonders lieb?
Wen haben wir besonders lieb?

Die Melodie eines Liedes summen.

L spricht:
„Werde neu und liebe:
Gott will Retter sein,
uns aus Schuld und Angst befrein.
Und der Stern singt Friede."

Der Stern singt Friede.
Gott möchte, dass wir gut zueinander
sind.
Gott möchte, dass wir uns nicht streiten.
Tun wir, was Gott möchte?

Die Melodie eines Liedes summen.

Der Strohstern des kleinen Hirtenjungen

Als die Engel den Hirten auf den Weiden von Betlehem die Geburt des Jesuskindes verkündet hatten, machten diese sich sofort auf den Weg. Unter ihnen war auch ein kleiner Hirtenjunge. Im Stall stand er dann ganz lange vor der Krippe mit dem Kind und staunte darüber, wie die sonst so rauen Hirten ganz still und leise waren. Auf dem Heimweg überlegten die Hirten, was sie dem Kind am nächsten Tag alles bringen wollten. „Da fehlt alles", sagte der Erste, „ich melke das Mutterschaf und bringe frische Milch." „Ich habe noch ein gutes Stück Schafskäse für die junge Mutter", meinte ein anderer. „Ich könnte einen Topf Fett entbehren", überlegte wieder ein anderer. „Mehl fehlt wahrscheinlich auch und Feigen habe ich noch." So überlegten sie hin und her. Der kleine Hirtenjunge hörte das alles und konnte sich gar nicht freuen. Er hatte nichts zum Schenken. Da brauchte er morgen erst gar nicht mitzugehen.
Aber das Kind in der Krippe hatte ihn doch so angelächelt, als hätte es sagen wollen: „Komm morgen wieder, ich warte auf dich." Abends lag er auf seinem Strohbündel und konnte nicht einschlafen. Immer musste er an das Kind in der Futterkrippe denken.
Durch das kleine Fenster in der Hütte leuchtete der neue große Stern auf das Strohlager.
Die einzelnen Strohhalme leuchteten hell auf. „Ja, du lieber Stern", flüsterte der Hirtenjunge, „du hast mir einen Tipp gegeben. Ich will dem Kind einen Stern aus Stroh schenken."
Leise und behutsam, damit niemand aufwachte, schnitt er mit seinem Messer ein paar Halme zurecht und legte sie quer übereinander, sodass ein schöner Stern entstand.
Mit einem Wollfaden knotete er ihn fest. Er hielt ihn ins Sternenlicht und freute sich.
Der kleine Hirtenjunge konnte es kaum erwarten, bis er mit den Hirten am nächsten Tag das Kind im Stall besuchen konnte. Und siehe da – das Kind hielt den Stern fest. Es lächelte den Hirtenjungen dankbar an. Der wäre am liebsten vor Freude in die Luft gesprungen.

Quelle unbekannt

Kurzes Anspiel der Sternsinger

Sternträger:

Grüß Gott, ihr Leut von fern und nah,
die Sternsinger sind wieder da.
Sie treten ein bei Arm und Reich,
denn vor dem Herrn sind alle gleich.
Sie wollen künden euch von dem,
was einst geschah zu Betlehem,
als über Meer und Wüstensand
die Weisen kamen vom Morgenland.
Sprich, Kaspar, wie es damals war!

Kaspar:

Wir reisten fast ein halbes Jahr,
wir zogen mit Kamel und Ross,
der lange Weg uns nicht verdross.
Es gab der Stern uns treu Geleit,
da wussten wir über den Weg Bescheid,
und als der Stern dann stille stand,
da waren wir im Heiligen Land.

Sternträger:	Nun, Melchior, gib den Bericht!
Melchior:	Wir zogen weiter mit Zuversicht. Da blieb der Stern auf einmal aus. Wir standen vor Herodes Haus und fragten ihn dann frank und frei, wo denn der neugeborene König sei. Jedoch – er wusst' es selber nicht, und plötzlich war es weg – das Licht.
Sternträger:	Nun, Balthasar, gib denn Bescheid, wie ihr zum Kindlein gekommen seid.
Balthasar:	Als ich hinauf zum Himmel sah, da war der Stern auch wieder da, und er zog vor uns her ganz groß und rund, bis überm Stall er stille stund. Da waren wir von Herzen froh, es lag das Kind auf Heu und Stroh. Da haben wir uns hingekniet und stimmten an ein frohes Lied:

Alle Sternsinger treten vor, singen gemeinsam das Sternsingerlied.

Wir kommen daher aus dem Morgenland

2. Es führt uns der Stern zur Krippe hin,
wir grüßen dich, Jesus, mit frommem Sinn.
Wir bringen dir unsre Gaben dar:
Weihrauch, Myrrhe und Gold fürwahr!

3. Wir bitten dich: Segne nun dieses Haus
und alle, die gehen da ein und aus.
Verleihe ihnen zu dieser Zeit Frohsinn,
Frieden und Einigkeit!

Text: *Maria Ferschl* / Melodie: *Heinrich Rohr*

Dein gutes Licht

Guter Gott, du lässt den hellen Stern,
dein gutes Licht, über uns aufgehen.
Du möchtest, dass wir gut zueinander sind
und dass die Menschen
in Frieden miteinander leben.
Hilf uns, dass wir das auch versuchen:
in unseren Familien,
im Kindergarten und in der Freizeit.
Amen.

Sterne

Sternenhimmel aus Wachsmalkreiden

Sterne werden mit gelben Wachsmalkreiden auf ein Blatt gemalt.
Dann wird darüber mit Wasserfarben der dunkle Nachthimmel aufgetragen.

Strohsterne

Strohsterne können in vielfältiger Weise aus runden Strohhalmen gebunden oder aus glatt gebügelten Strohhalmen geklebt werden.

Sterne aus Goldpapier

Aus Goldpapier können in vielfältiger Weise Sterne gefaltet oder ausgeschnitten werden.

Zimtsterne

Zutaten: 250 g Puderzucker
300 g gemahlene Mandeln
3 Eiweiß
2 TL Zimt
Zucker

Zubereitung:
Eiweiß steif schlagen und dabei den Puderzucker langsam einrieseln lassen. Etwas von dieser Masse abnehmen und für den Guss beiseitestellen. Die Mandeln und den Zimt unter den Eischnee zunächst einrühren, dann einkneten. Den Teig auf einer mit Zucker bestreuten Arbeitsfläche ca. 1 cm dick ausrollen. Daraus Sterne stechen und auf ein mit Backpapier belegtes Backblech legen. Bei 160 Grad ca. 15 Minuten backen. Die Plätzchen herausnehmen, mit der restlichen Eiweißmasse bestreichen und erneut überbacken. Danach die Zimtsterne herausnehmen und erkalten lassen.

Der Wolf an der Krippe

Es war einmal ein Wolf. Er lebte in der Gegend von Betlehem. Die Hirten wussten um seine Gefährlichkeit und waren allabendlich damit beschäftigt, ihre Schafe vor ihm in Sicherheit zu bringen. Stets hatte einer von ihnen Wache zu halten, denn der Wolf war hungrig, listig und böse. Es war in der Heiligen Nacht. Eben war der wundersame Gesang der Engel verstummt. Ein Kind sollte geboren worden sein, ein Knabe. Der Wolf wunderte sich sehr, dass die rauen Hirten allesamt hingingen, um ein Kind anzusehen. „Wegen eines neugeborenen Kindes solch ein Getue", dachte der Wolf. Aber neugierig geworden und hungrig, wie er war, schlich er ihnen nach. Beim Stall angekommen, versteckte er sich und wartete. Als die Hirten nach der Huldigung sich von Maria und Josef verabschiedeten, hielt der Wolf seine Zeit für gekommen.

Er wartete noch, bis Maria und Josef eingeschlafen waren; die ausgestandene Sorge und die Freude über das Kind hatten sie sehr müde gemacht. „Umso besser", dachte der Wolf, „ich werde mit dem Kind beginnen." Auf leisen Pfoten schlich er in den Stall. Niemand bemerkte sein Kommen. Allein das Kind. Es blickte voll Liebe auf den Wolf, der, Tatze vor Tatze setzend, sich lautlos an die Krippe heranschob.

Er hatte den Rachen weit geöffnet und die Zunge hing ihm heraus. Er war schrecklich anzusehen. Nun stand er dicht neben der Krippe. „Ein leichtes Fressen“, dachte der Wolf und schleckte sich begierig die Lefzen. Er setzte zum Sprung an. Da berührte ihn behutsam und liebevoll die Hand des Jesuskindes. Das erste Mal in seinem Leben streichelte jemand sein hässliches, struppiges Fell und mit einer Stimme, wie der Wolf sie noch nie vernommen, sagte das Kind: „Wolf, ich liebe dich.“ Da geschah etwas Unvorstellbares – im dunklen Stall von Betlehem platzte die Tierhaut des Wolfes – und heraus stieg ein Mensch.
Ein wirklicher Mensch. Der Mensch sank in die Knie, küsste die Hände des Kindes und betete es an. Alsdann verließ er den Stall – lautlos, wie er zuvor als Wolf gekommen war – und ging in die Welt, um allen zu künden: Dieses göttliche Kind kann dich erlösend berühren.

Huub Oosterhuis

Wie war das mit dem Esel?

Wie war das mit dem Esel, als es im Stall geschah?
Nach langem Weg in dunkler Nacht
ward hier das Kind zur Welt gebracht.
Maria wiegt es auf dem Arm.
Im Stall da ward es hell und warm.
Wie war das mit dem Esel,
als es im Stall geschah?
Wie war das mit dem Esel? Er sagte leis: „Iah“.

Wie war das mit dem Ochsen? Er stand und schaute zu.
Maria legt das Kind so klein
ins warme Stroh der Krippe rein.
Sie schaut es an und lächelt froh,
denn Gottes Sohn schläft hier im Stroh.
Wie war das mit dem Ochsen?
Er stand und schaute zu.
Wie war das mit dem Ochsen? Er sagte leis:
„Muh! Muh!"

Wie war das mit den Schafen? Sie waren in der Näh'.
Die Hirten ließen alles stehn
und wollten Jesus Christus sehn.
Sie kamen in den Stall hinein
und wollten bei dem König sein.
Wie war das mit den Schafen?
Sie waren in der Näh'.
Wie war das mit den Schafen? Sie sagten leis:
„Mäh! Mäh!"

Was sagte da Maria, als sie die Tiere sah?
Sie sagte: „Gottes Sohn ist hier
für Gottes Schöpfung, Mensch und Tier."
Da musst kein Tier zum Stall hinaus
und nicht einmal die kleinste Maus.
Was sagte da Maria,
als sie die Tiere sah?
Was sagte da Maria? Sie sagte froh:
„Bleibt da!"

Rolf Krenzer

Geschenke

Die Hirten kommen zum Kind.
Sie sind arm.
Sie geben von dem, was sie haben.
Sie spüren:
Gott macht uns ein Geschenk:
Das Kind ist das beste Geschenk.

Die Könige suchen einen neuen König.
Sie finden ein kleines Kind in einem Stall.
Sie erkennen:
Gott macht uns ein Geschenk:
Das Kind ist das kostbarste Geschenk.

Wir machen an Weihnachten Geschenke.
Wir hoffen darauf, dass wir beschenkt werden.
Vielleicht aber spüren und ahnen wir:
Gott macht uns ein Geschenk:
Das Kind ist das wichtigste Geschenk.

Elsbeth Bihler

Geschenkpaket packen

Die Kinder benennen, was sie dem Jesuskind schenken wollen, die Erzieher(innen) bzw. Lehrer(innen) schreiben das auf kleine Zettelchen.

Beispiele:
- dass wir uns nicht mehr streiten
- dass wir lieb zueinander sind
- dass wir keinen beim Spielen wegschubsen oder auslachen
- dass wir teilen
- dass alle Menschen gleich behandelt werden

Die Zettelchen werden zusammengerollt und die Kinder dürfen ein Geschenkband darum binden. In der Krippenandacht werden diese kleinen Geschenke dann zur Krippe gebracht und hineingelegt.

Vom Schenken

Schenke groß oder klein,
aber immer gediegen.
Wenn die Bedachten die Gaben wiegen,
sei dein Gewissen rein.

Schenke herzlich und frei.
Schenke dabei, was in dir wohnt
an Meinung, Geschmack und Humor,
sodass die eigene Freude zuvor
dich reichlich belohnt.

Schenke mit Geist, ohne List.
Sei eingedenk, dass dein Geschenk –
du selber bist.

Joachim Ringelnatz

Die goldene Schachtel

Es war Weihnachten. „Hier Papa“, sagt Maya und gibt Papa eine golden verpackte Schachtel. Sie hatte sich sehr viel Mühe gegeben mit der Verpackung: Eine schöne Schachtel hatte sie genommen und darum herum hatte sie das Goldpapier gewickelt und das Ganze mit einem Band zugebunden.
Papa öffnet das Band und wickelt das Päckchen aus. „Aber Maya“, sagte er, „du hast ja ein wunderbares Päckchen gepackt, aber da ist ja gar nichts drin!“
Da springt Maya auf Papas Schoß, legt ihm die kleinen Ärmchen um den Hals und flüstert ihm ins Ohr: „Doch Papa, die Schachtel ist ganz voll mit Küsschen für dich, weil: ich hab dich doch lieb!“ Da legt Papa auch seinen Arm um Maya und sagt: „Danke, mein Schatz, ich habe dich auch sehr lieb!“ … Und wenn man genau hinsieht, dann sieht man eine Träne in seinen Augen blitzen.

Was können wir schenken?

Miteinander überlegen, was wir den Menschen, die wir lieb haben, zu Weihnachten schenken und basteln können. Das Geschenkpapier kann dann miteinander bedruckt werden.

Geschenkpapier bedrucken

Material:

- Für den Druckstock: Schaumstoff, großporigen Schwamm, Steckschwamm (aus dem Blumengeschäft), Moosgummi, Pappe, Klebstoff
- Für die Halterung: Korken
- Packpapier und Farben

Durchführung:

Für den Stempel Druckmuster (Tannenbaum, Stern, Herz usw.) auf Schaumstoff, Moosgummi oder Schwamm zeichnen und ausschneiden. Die Schwammteile ggf. auf ein rechteckiges Stück Pappe kleben und gut trocknen lassen. Einen Korken als Halterung ankleben. Den Stempel in Farbe tauchen und auf das Papier drucken.

Tipp: Kleinere Kinder können auch einfach mit einem Korken stempeln.

Engel-Gespräch

1. Engel.
2. Engel?
3. Engel!
2. Mit Flügeln?
1. Nein, brauchen sie nicht.
2. Mit langen, weißen Kleidern?
1. Nein.
3. Mit langen, blonden Haaren!
1. Nein.
3. Engel sind klein, haben runde Backen und lächeln immer.
2. Engel sind riesig, mit einem Schwert und großen Flügeln.
1. Engel sind Boten!
3. So etwas wie Postboten?
2. Sie sind Boten für Nachrichten von Gott.
1. Und sie helfen Gott.
2. … und den Menschen.
3. Kann ich sie anfassen?
2. Du kannst sie nicht einmal sehen!
1. Manchmal kannst du sie vielleicht spüren.
2. Engel sind mächtig, prächtig,
schön, stark, jung, mutig, freundlich, fröhlich …
1. Hör auf.
3. Wo wohnen die Engel?
2. Im Himmel.
1. Und auf der Erde!

Gudrun Stumpf

Engel auf den Feldern singen

Engel auf den Feldern singen, stimmen an ein himmlisch Lied,
und im Widerhall erklingen auch die Berge jauchzend mit:
Gloria in excelsis Deo.

Sagt mir, Hirten, wem die Freude, wem das Lied der Engel gilt!
Kommt ein König, dass die Weite so von Jubel ist erfüllt?
Gloria in excelsis Deo.

Christ, der Retter, stieg hernieder, der sein Volk von Schuld befreit,
und der Engel Dankeslieder künden uns die Gnadenzeit.
Gloria in excelsis Deo.

Lasst nach Betlehem uns ziehen, das ihn birgt im armen Stall,
lasst uns betend vor ihm knien, singen ihm mit Freudenschall:
Gloria in excelsis Deo.

Hirten, nun verlasst die Herden, stimmt ins Lob der Engel ein,
dass die Lüfte tönend werden von dem Klange der Schalmei'n:
Gloria in excelsis Deo.

Engel für die Hosentasche

Auf einen kleinen Zettel in Streichholzschachtelgröße einen Engel malen und ihn in die leere Streichholzschachtel kleben. Die Streichholzschachtel schön verzieren. So ein Engel kann an traurigen Tagen wie ein guter Freund oder eine gute Freundin sein, wenn du ihn in der Hosentasche mit dir trägst (oder diejenigen, denen du einen solchen Engel gebastelt hast).

Engel aus Händen

Material: ein Bogen Papier, Fingerfarben, Wasserfarben, Pinsel, Wachsmalkreiden oder Buntstifte

Durchführung: Beide Handflächen mit einer Farbe bemalen und nebeneinander auf das Papier drücken. Die Finger zeigen dabei nach unten. (Das sind die Engelsflügel.) Die Farbe gut trocknen lassen. Zwischen die Flügel mit Wachsmalkreiden oder Wasserfarben einen Körper malen.

Tipp: Die Engel können auch mit Fensterfarben an die Fenster gedruckt oder gemalt werden.

Der Traum von den fünf Engeln

Mit den Händen eine Wolke nachbilden. Mit einer Hand die Augen beschirmen.	Auf einer Wolke, dick und groß, da sitzt jemand, wer ist das bloß?
Die Finger einer Hand zeigen.	Es sind fünf Engel, ach, wie schön, die kann ich jetzt ganz deutlich sehn.
Daumen zeigen und mit der anderen Hand winken. Noch einmal winken.	Der erste Engel winkt mir zu, wenn du ihn siehst, dann wink auch du.
Daumen und Zeigefinger zeigen und sich im Kreis drehen.	Der zweite Engel kommt und dann fängt er mit mir zu tanzen an.
Drei Finger zeigen und leise summen.	Der dritte Engel summt ein Lied, komm und summ doch einfach mit.
Vier Finger zeigen und die Hand vor den Mund halten. Hand vor die Stirn halten und nach oben schauen.	Der vierte Engel, ach, o Schreck, der fliegt ganz hoch und ist dann weg.
Alle fünf Finger zeigen. Beide Hände aufeinanderlegen und darauf den Kopf legen.	Der fünfte Engel, ach, der Kleine, er liegt da und schläft alleine.
Den Zeigefinger vor den Mund halten. Suchend nach rechts und links schauen.	Psst, sei still, du glaubst es kaum, das Fingerspiel war nur ein Traum. Die Engel sind nun alle fort, an einem unbekannten Ort.

Der heilige Franziskus und die Krippe

Immer schon hatte Francesco gern Feste gefeiert. Und ein Fest, das ihr alle mögt, lag ihm besonders am Herzen.
In den Sabinerbergen wohnte ein Freund von ihm, der hieß Johannes. Es war Winter und Schnee lag in den Bergen.
„Johannes", sagte Franz, „kennst du oben im Wald die Grotte im Felsen? Dort will ich mit dir und den Freunden das Weihnachtsfest feiern. Nimm eine Krippe, füll sie mit Heu und stell sie uns in die Höhle. Und bring einen Esel und einen Ochsen mit!"
Am Weihnachtsabend war alles bereitet, wie Franz es sich wünschte. Von allen Seiten kamen die Bauern und Hirten.
Sie kamen die verschneiten Wege herauf, mit Liedern, wie die Hirten am Berg sie singen. Sie trugen Fackeln in ihren Händen und der Schnee war rosig vom tanzenden Feuerschein.
Franz führte die Freunde zur Krippe hin. „Stellt euch vor, in so einer armen Krippe hat das Christkind gelegen und Esel und Ochs haben es angeschnaubt! Seht, wie arm es war, uns zuliebe: Ein Kind, dem alles geschenkt werden muss: Essen und Wärme und Windeln. Es kann ja nicht reden und bitten: Gebt mir das oder das! Es weint nur und seine Mutter muss raten: Hat mein Kind Hunger? Tut ihm was weh? Soll ich es wickeln? Gottes Sohn ist ein Mensch geworden wie wir."
Da staunten die Brüder und Hirten und Bauern und knieten nieder im Schnee und sagten: „So genau haben wir uns das noch nie vorgestellt. Gott, deine Liebe ist groß und nicht zu begreifen!"
Seit damals machen es viele Menschen wie Bruder Franz. Sie stellen zu Weihnachten eine Krippe auf mit Esel und Ochs und Heu und einer Laterne und singen zusammen Lieder vom Jesuskind.

Die Weihnachtsbotschaft als Krippenspiel mit Kindern

Dieses Rollenspiel braucht keine großen Vorbereitungen. Es lässt sich leicht spielen, auch mit größeren Kindergruppen. Die Kinder müssen sich vorher entscheiden, ob sie zum *Engelschor*, zum *Herbergschor* oder zum *Hirtenchor* gehören möchten.
Rollen: 1. Erzähler, 2. Erzähler, Engelschor, Herbergschor, Hirtenchor

1. Erzähler: In jenen Tagen erließ Kaiser Augustus den Befehl, alle Bewohner des Landes in Steuerlisten einzutragen. Dies geschah zum ersten Mal; damals war Quirinius Statthalter von Syrien. Da ging jeder in seine Stadt, um sich eintragen zu lassen. So zog auch Josef aus der Stadt Nazaret in Galiläa hinauf nach Judäa in die Stadt Davids, die Betlehem heißt; denn er war aus dem Haus und dem Geschlecht Davids. Er wollte sich eintragen lassen mit Maria, seiner Verlobten, die ein Kind erwartete.

2. Erzähler: Der Weg war lang.
Engelschor: Der Weg war lang.

2. Erzähler: Der Weg war weit.
Engelschor: Der Weg war weit.

2. Erzähler: Der Weg war sehr beschwerlich.
Engelschor: Der Weg war sehr beschwerlich.

1. Erzähler: Als sie dort waren, kam für Maria die Zeit, dass ihr Kind zur Welt kommen sollte. Aber in der Herberge war kein Platz für sie da.

2. Erzähler: Wir haben keinen Platz für euch.
Herbergschor: Wir haben keinen Platz für euch.

2. Erzähler: Wir sind schon belegt.
Herbergschor: Wir sind schon belegt.

2. Erzähler: Maria ist aber schwanger.
Herbergschor: Maria ist aber schwanger.

2. Erzähler: Das Kind kommt schon bald.
Herbergschor: Das Kind kommt schon bald.

2. Erzähler: Das interessiert uns nicht.
Herbergschor: Das interessiert uns nicht.

2. Erzähler: Das ist euer Problem.
Herbergschor: Das ist euer Problem.

1. Erzähler: Maria brachte ihren ersten Sohn in einem Stall zur Welt. Sie wickelte ihn in Windeln und legte ihn in eine Futterkrippe. In jener Gegend lagerten Hirten auf freiem Feld und hielten Nachtwache bei ihrer Herde. Da trat der Engel des Herrn zu ihnen und der Glanz Gottes umstrahlte sie. Sie fürchteten sich sehr. Der Engel aber sagte zu ihnen: „Fürchtet euch nicht, denn ich verkünde euch eine große Freude, die dem ganzen Volk zuteilwerden soll: Heute ist euch in der Stadt Davids der Retter geboren; er ist der Messias, der Herr."

2. Erzähler: Wir sollen uns nicht fürchten?
Hirtenchor: Wir sollen uns nicht fürchten?

2. Erzähler: Wer spricht denn da zu uns?
Hirtenchor: Wer spricht denn da zu uns?

2. Erzähler: Kann das wirklich wahr sein?
Hirtenchor: Kann das wirklich wahr sein?

2. Erzähler: Ich glaub es einfach nicht.
Hirtenchor: Ich glaub es einfach nicht.

2. Erzähler: Der Messias, unser Retter, ist geboren.
Hirtenchor: Der Messias, unser Retter, ist geboren.

2. Erzähler: Endlich ist er da!
Hirtenchor: Endlich ist er da!

1. Erzähler: Der Engel sprach weiter zu ihnen: „Und das soll euch als Zeichen dienen: Ihr werdet ein Kind finden, das in Windeln gewickelt in einer Krippe liegt." Und plötzlich war bei dem Engel ein großes himmlisches Heer, das Gott lobte und sprach: „Verherrlicht ist Gott in der Höhe und auf Erden ist Friede bei den Menschen seiner Gnade."
Als die Engel sie verlassen hatten und in den Himmel zurückgekehrt waren, sagten die Hirten zueinander: Kommt, wir gehen nach Betlehem, um das Ereignis zu sehen, das uns der Herr verkünden ließ. So eilten sie hin und fanden Maria und Josef und das Kind, das in der Krippe lag. Als sie es sahen, erzählten sie, was ihnen über das Kind gesagt worden war.

2. Erzähler: Ein Engel ist uns erschienen.
Hirtenchor: Ein Engel ist uns erschienen.

2. Erzähler: Das Kind soll der Messias sein.
Hirtenchor: Das Kind soll der Messias sein.

2. Erzähler: Gottes Sohn und unser Retter.
Hirtenchor: Gottes Sohn und unser Retter.

2. Erzähler: Und wir dürfen zuerst bei ihm sein!
Hirtenchor: Und wir dürfen zuerst bei ihm sein!

1. Erzähler: Und alle, die es hörten, staunten über die Worte der Hirten. Maria aber bewahrte alles, was geschehen war, in ihrem Herzen und dachte darüber nach. Die Hirten kehrten zurück, rühmten Gott und priesen ihn für das, was sie gehört und gesehen hatten; denn alles war so gewesen, wie es ihnen gesagt worden war.

Hubert Sieverding

Weihnachtsevangelium mit Krippenspiel

Die Häuser von Betlehem sind mit Tüchern dargestellt, auch der Stall von Betlehem.
Die Kinder werden mit bunten Tüchern bekleidet, als Menschen und als Tiere. Sie spielen pantomimisch zum Erzählverlauf.
Die älteren Kinder studieren die Lieder und die Musik ein oder halten die Tücher für die Gebäude. Sie lesen auch die Geschichte:
Erzähler I: das normal Gedruckte / *Erzähler II: das kursiv Gedruckte.*
Die Lieder sind als Vorschläge gedacht und können durch andere Lieder ersetzt werden.

Erzähler I: Liebe Kinder, liebe Erwachsene!
Die Geschichte, die wir heute singen und spielen, ist schon fast zweitausend Jahre alt. Das hört sich sehr alt an, aber es ist eine Geschichte, die immer wieder ganz neu ist und gerade eben passiert. Und so steht die Geschichte in der Bibel, wie sie uns Lukas aufgeschrieben hat:

Erzähler II: Zu der Zeit, als Jesus geboren werden sollte, befahl Kaiser Augustus, dass alle Menschen des Landes sich in Steuerlisten eintragen lassen sollten. Dazu mussten alle in ihren Heimatort gehen, in die Stadt, in der sie geboren waren. Das war das erste Mal, dass so etwas befohlen worden war, und deshalb ging jeder in seine Stadt, um sich eintragen zu lassen.

Rollenspiel

Erzähler I: Hier seht ihr die Leute, die alle unterwegs sind. Sie alle sind hier in Betlehem geboren und kommen von weit her. Könnt ihr euch vorstellen, wie viele Leute da unterwegs waren? Jeder wollte ein Bett zum Schlafen und ein Dach über dem Kopf haben. Schnell waren alle Häuser und Hotels der Stadt belegt.

Lied: Es ist für uns eine Zeit angekommen
(Kinder spielen die Leute, die in der Stadt Betlehem unterwegs sind.)

Erzähler II: Auch Maria und Josef machten sich auf den weiten und beschwerlichen Weg von Nazaret nach Betlehem. Denn auch er war in Betlehem geboren. Er wollte sich eintragen lassen mit Maria, seiner Verlobten, die ein Kind erwartete.

Erzähler I: Hier sehen wir Maria und Josef. Sie kommen spät in Betlehem an. Maria erwartet ein Kind. Es soll bald geboren werden. Maria kann nicht mehr so schnell gehen wie andere. Deshalb sind sie so spät dran. Sie klopfen an verschiedene Türen an.
(Maria und Josef kommen, sie spielen zum Lied die Herbergssuche.)

Lied: Wer klopfet an?

Erzähler I: Ihr habt es gesehen: Niemand will Maria und Josef hereinlassen. So, wie es heute viele Menschen gibt, die andere, die in Not sind, stehen lassen, ohne ihnen zu helfen. Viele Menschen fühlen sich, wie damals Maria und Josef, allein und verlassen. Maria und Josef kommen an in dem Stall, den man ihnen gezeigt hat. Kalt ist es dort, der Wind weht durch die Ritzen, aber hier, genau hier, sollte das Jesuskind geboren werden.

Erzähler II: Schon bald, als sie dort waren, brachte Maria ihr erstes Kind, ihren Sohn Jesus, zur Welt. Sie wickelte ihn in Windeln und legte ihn in eine Krippe, weil in der Herberge kein Platz für sie war.

Lied: Zu Betlehem geboren

Erzähler II: Maria musste ihr Kind umsorgen und pflegen. Es musste wie alle Babys gewickelt und gefüttert werden. Es wollte auf den Armen geschaukelt werden. Josef half Maria dabei.

Lied: Josef, lieber Josef mein

Erzähler I: Vielleicht war es so, weil Jesus in einem Stall geboren wurde, vielleicht aber auch, weil Gott uns sagen wollte: Ich bin in die Welt gekommen, um für die Armen und Schwachen da zu sein, auf jeden Fall: Die reichen Leute in Betlehem bekamen nichts mit von der Geburt des Gotteskindes. Zuerst sagte es Gott durch seine Engel denen, die von allen anderen verachtet wurden: den Hirten, die auf dem freien Feld ihre Herden hüteten.

Erzähler II:	*Sie lagerten dort und hielten Nachtwache bei ihrer Herde.*
	Hirtenmusik
Erzähler I:	In dieser Nacht leuchteten die Sterne besonders hell und klar. Auf einmal erschraken sie sehr. Ein helles Licht umgab sie plötzlich.
Erzähler II:	*Ein Engel des Herrn trat zu ihnen und der Glanz des Herrn umstrahlte sie. Sie fürchteten sich sehr. Der Engel aber sagte zu ihnen: Fürchtet euch nicht, denn ich verkünde euch eine große Freude, die dem ganzen Volk zuteilwerden soll: Heute ist euch in der Stadt Davids der Retter geboren; er ist der Messias, der Herr. Und das soll euch als Zeichen dienen: Ihr werdet ein Kind finden, das, in Windeln gewickelt, in einer Krippe liegt.*
Lied:	Vom Himmel hoch, da komm ich her
Erzähler II:	*Und plötzlich waren bei dem Engel viele andere Engel, die alle Gott lobten und sprachen: Verherrlicht ist Gott in der Höhe und auf Erden ist Friede bei den Menschen seiner Gnade.*
Lied:	Engel auf den Feldern singen
Erzähler II:	*Dann waren die Engel wieder fort. Die Hirten sagten zueinander: Habt ihr gehört? Unser Retter und Erlöser ist geboren worden. Kommt, wir gehen nach Betlehem, um das Ereignis zu sehen, das uns der Herr verkünden ließ.*

Lied: Kommet, ihr Hirten

Erzähler I: So brachen sie auf nach Betlehem. Jeder hatte dem göttlichen Kind etwas mitgebracht: eine warme Decke, einen Topf Milch, ein kleines Flötenlied.
(Die Hirten heben die Dinge hoch und zeigen sie alle, die sie mitnehmen. Dann gehen sie zum Stall und knien sich davor hin.)

Erzähler II: Sie fanden Maria und Josef und das Kind, das in der Krippe lag. Als sie es sahen, erzählten sie, was ihnen über dieses Kind gesagt worden war. Und alle, die es hörten, staunten über die Worte der Hirten. Maria aber bewahrte alles, was geschehen war, in ihrem Herzen und dachte darüber nach. Die Hirten aber schauten liebevoll auf das Kind, das da vor ihnen lag. Sie wunderten und freuten sich über diesen König, den sie als Erste besuchen konnten, weil er nicht in einem prächtigen Schloss, sondern bei ihnen, den ganz normalen, ja, manchmal verachteten Menschen, geboren war.

Lied: Ich steh an deiner Krippe hier

Erzähler I: So wie die Hirten sind auch wir jetzt eingeladen, zur Krippe zu kommen.

Hier kann eine Aktion erfolgen, z.B.:

- Lichter weitergeben
- Strohsterne zum Weihnachtsbaum bringen

Quellennachweis

S. 5: Erwartung, aus: Das große Werkbuch Advent und Weihnachten, hrsg. von Christina Willers-Vellguth © Verlag Herder GmbH, Freiburg im Breisgau, 2006, S. 17
S. 15: Wie eine Blüte, aus: Heidi Rose, Weihnachtliches Brauchtum den Kindern erklärt © 2000 Butzon & Bercker GmbH, Kevelaer, www.bube.de
S. 17: Die heilige Luzia, aus: Rolf Krenzer, Weihnachten ist nicht mehr weit. Advent-Werkbuch für Familie, Schule und Gottesdienst © 1986 Lahn-Verlag GmbH, Kevelaer, S. 138, www.lahn-verlag.de
S. 18: Schwimmende Lichter, aus: Im Kindergarten Weihnachten erleben. Anregungen und Vorschläge für Erzieherinnen, Ilse Jüntschke. © Persen Verlag, Buxtehude – AAP Lehrerfachverlage GmbH
S. 19: Fenster-Adventskalender mit Kerzen, aus: Im Kindergarten Weihnachten erleben. Anregungen und Vorschläge für Erzieherinnen, Ilse Jüntschke. © Persen Verlag, Buxtehude – AAP Lehrerfachverlage GmbH
S. 19: Lichtergarten als Adventskalender, aus: Das große Werkbuch Advent und Weihnachten, hrsg. von Christina Willers-Vellguth © Verlag Herder GmbH, Freiburg im Breisgau, 2006, S. 17
S. 22 f.: Kurzes Anspiel der Sternsinger, aus: Johannes Steinbach: Wo wir Menschen sind, © Verlag Herder GmbH, Freiburg im Breisgau, 2005, S. 130–132
S. 27 f.: Der Wolf an der Krippe. © Verlag Herder GmbH, Freiburg im Breisgau
S. 28 f.: Wie war das mit dem Esel? Aus: Rolf Krenzer, Ich wünsche dir ein gutes Jahr. Werkbuch für Religion und Gottesdienst © 1983 Lahn-Verlag GmbH, Kevelaer, S. 339 f., www.lahn-verlag.de
S. 35: Engel auf den Feldern singen, nach dem französischen „Les anges dans nos campagnes." Dt. Text: Marie Luise Thurmair © Verlag Herder, Freiburg
S. 34: Engel-Gespräch. © bei der Autorin.
S. 37: Der Traum von den fünf Engeln, aus: Ingrid Biermann, AdventsTage, Kleine Aktionen für den Kita-Alltag, © Verlag Herder GmbH, Freiburg im Breisgau, 3. Auflage 2005, S. 11
S. 39 ff.: Die Weihnachtsbotschaft als Krippenspiel mit Kindern. © beim Autor.

Leider war es nicht in allen Fällen möglich, den Rechtsinhaber ausfindig zu machen. Entsprechende Hinweise nimmt der Verlag gerne entgegen.

Bibliografische Information der Deutschen Nationalbibliothek

Die Deutsche Nationalbibliothek verzeichnet diese Publikation in der Deutschen Nationalbibliografie; detaillierte bibliografische Daten sind im Internet über http://dnb.d-nb.de abrufbar.

verlags gruppe engagement

Das Gesamtprogramm des Lahn-Verlags finden Sie im Internet unter www.lahn-verlag.de

ISBN 978-3-7840-3487-4

2. Auflage 2011

Umschlagillustration: Eve Jacob, Baden-Baden
Umschlaggestaltung: Elisabeth von der Heiden, Geldern
Schriftsatz, Notensatz und Reproduktion: Kontrapunkt Satzstudio Bautzen
Druck und Bindung: völcker druck, Goch
Printed in Germany